Cocina para Todos

25

Recetas

de

Salsas Mexicanas

Título: 25 recetas de salsas mexicanas
© 2017, Alberto Villegas
©De los textos: J. Alberto Villegas R.
Ilustración de portada:
Revisión de estilo: Sofía Carrillo
1ª edición

3

Índice

Salsa verde con Aceite 6

Salsa Mexicana 1 7

Salsa Mexicana 2 8

Salsa Mexicana 3 10

Salsa pico de Gallo con Naranja 11

Salsa al Papaloquelite 12

Salsa a base de Jitomate 13

Salsa Borracha 14

Salsa Brava 15

Salsa Costeña 16

Salsa Criolla 17

Salsa de Aguacate 18

Salsa de Aguacate y Chipotle 19

Salsa de Ajonjolí 20

Salsa de Barbacoa 21

Salsa de Catarino 22

Salsa de chiles Cuaresmeños 23

Salsa de Chile a la Campechana 24

Salsa de Chile de Árbol 25

Salsa de chile Pasilla 26

Salsa de chiles secos y Crema 27

Salsa de chiles Serranos 28

Salsa de chiles Serranos 2...29

Salsa de Chiles y Cebolla 30

Salsa de Chipotle 31

Salsa verde con Aceite

Ingredientes:

- 4 tomates
- 8 chiles serranos o 4 jalapeños
- 1 trozo de cebolla
- 100ml de aceite
- Agua
- 1 diente de ajo
- Cilantro fresco
- 1 limón
- Sal al gusto

Preparación:

Sancocha los tomates y los chiles con la cebolla. Esto quiere decir que no queden totalmente cocidos, que queden medio crudos. Coloca en la licuadora todos los ingredientes y licua hasta que se emulsione y se vea verde y cremosa. Sazonar con sal al gusto (y un poco de caldo de pollo granulado si gustas) Añade jugo de un limón y revuelve.

Salsa Mexicana 1

Ingredientes:

- 2 Jitomates
- 1/2 cebolla opcional
- 1 diente de ajo
- Chile serrano al gusto
- Sal

Preparación:

Asa los jitomates, no los peles después, pon todo en el molcajete los chiles, el ajo, los jitomates y martaja todo. Agregue sal y cebolla picada opcional.

Salsa Mexicana 2

Ingredientes:

- 4 jitomates grandes, maduros
- 1 pimiento morrón rojo
- 1/2 pimiento morrón verde
- 2 cebollas medianas
- 3 cucharadas de azúcar
- 1 ½ taza de vinagre
- 2 cucharaditas de sal
- 1 pizca de clavo de olor en polvo
- 1 pizca de nuez moscada
- 1/4 de cucharadita de canela en polvo
- Chile molido, la cantidad que se desee

Preparación:

Quita la piel y las semillas a los jitomates, pícalos y colócalos en una cacerola

Añade las cebollas picadas finas, los pimientos picados, el azúcar, vinagre, clavo de olor, nuez moscada, canela, el chile y la sal. Hierve todo suavemente, hasta obtener una salsa espesa.

Pásala luego a una salsera. Agrega una cucharada de aceite de maíz
Sirve para acompañar todo tipo de carnes, caliente o fría.

Salsa Mexicana 3

Ingredientes:

- ¼ Kg de jitomate
- 2 aguacates
- 2 chipotles adobados
- 1 cucharada de queso añejo rallado
- 1 cucharada de aceite
- 1 cucharadita de cebolla picada
- 1/2 cucharadita de sal.

Preparación:

Pela los jitomates, quita las semillas y pícalos En el aceite se disuelve la sal y se le agregan todos los demás ingredientes picados, añade por último el jugo del chipotle y los chiles sin semillas picados si gustas Esta salsa sirve para acompañar carnes o pescado.

Salsa pico de Gallo con Naranja

Ingredientes:

- 2 naranjas en gajos pelados y cortados a la mitad
- el jugo que sueltan los gajos, córtalos en un plato
- 2 cucharadas de jugo de limón
- 1 cucharadita de cebolla picada muy fino
- 1 jitomate picado
- 2 chiles serranos picados
- 2 cucharadas de aceite de oliva
- Sal

Preparación:

Mezcla todo. Le pones sal al gusto. Variante: En Jalisco se sirve como botana con trocitos de jícama y un poco de orégano, también le ponen pepinos y piña picados. Además de servirse con pescados y mariscos es muy rica como aderezo de ensaladas.

Salsa al Papaloquelite

Ingredientes:

- 2 chiles cuaresmeños asados y desvenados (jalapeños)
- 2 chiles cascabel o morita asados y desvenados
- 1/4 Kg de tomates verdes chicos, crudos; tomate de bolsa, de fresadilla
- 4 dientes de ajo asados
- 6 hojas de pápalo (se puede usar 2 cucharadas de hojas de albahaca, perejil, cilantro o epazote)
- 1/2 cucharadita de jugo de limón
- 1 cucharadita de aceite
- sal gruesa
- 2 cucharadas de cebolla picada fina

Preparación:

Muele los chiles en el molcajete con la sal, ajo, el pápalo, y los tomates. Añade jugo de limón y aceite. Al final agrega la cebolla   picada
En licuadora se pone a baja velocidad para que quede con textura martajada.

Salsa a base de Jitomate

Ingredientes:

- 1 Kg De jitomate asado y pelado
- 2 dientes de ajo asados
- 1 cebolla asada
- 1 cucharadita de sal

Preparación:

Muele el jitomate, ajo, cebolla. Fríelo en aceite, agrega sal, y una pizca de azúcar, en caso de que los tomates estén ácidos. Deja a fuego suave de 20 a 30 minutos moviendo de vez en cuando.

Salsa Borracha

Ingredientes:

- 100 g de chile pasilla
- 1 vaso de pulque fuerte
- 2 chiles serranos (pueden ser en vinagre)
- 1 diente de ajo
- 1 cebolla mediana picada
- 50 g de queso rallado (queso añejo, queso Cotija)
- 1 cucharada escasa de aceite de oliva
- sal.

Preparación:

Desvena y tuesta los chiles pasilla. Muele con el diente de ajo. Agrega el pulque y el aceite de oliva. Debe quedar una salsa aguadita. Para servir, añade los chiles serranos y la cebolla picada y espolvorea encima el queso. Sazonar con sal. El queso Cotija es salado

Salsa Brava

Ingredientes:

- 6 chiles guajillos
- 6 chiles cascabel
- 6 chiles de árbol
- 10 chiles piquín (un puñado) o chiltepín, chile japonés
- 8 dientes de ajo
- Aceite cantidad necesaria

Preparación:

El aceite tiene que ser neutro (no de oliva) Fríe los chiles <u>uno por uno</u> con todo y semillas a fuego mediano, cuida que no se te quemen. Los chiles deben de nadar en el aceite. Una vez fritos los vas poniendo en la licuadora. Los chiles pequeños los sacas con una cuchara cribada. Es importante que no se quemen los chiles porque amargan. Los chiles una vez que se enfríen notarás que están crujientes. Añade el ajo y el aceite que usaste para moler y aceite adicional si es necesario. Muele todo muy bien con su sal. Guárdalo en frasco de vidrio con tapa bien limpio. Se conserva bien en el refrigerador. Siempre tiene que tener una capa de aceite en la superficie.

Salsa Costeña

Ingredientes:

- 6 chiles costeños (guajillos)
- 8 tomates verdes (alrededor de ½ Kg) tomate e bolsa
- 1 diente de ajo
- ½ taza (125 g) de cebolla picada
- 1/3 taza (15 g) de cilantro picado
- ½ cucharadita de sal

Preparación:

Tuesta los chiles y asa los tomates en un comal o sartén de hierro. Deben quedar un poco tatemados, pero no quemados. También, puedes cocer los tomates verdes en agua con sal 5 minutos. Escurre. En un procesador de alimentos o licuadora, muele los chiles, tomates verdes y ajo

Pásalo a una salsera, agrega la cebolla, el cilantro y la sal y mezcla bien. Rectifica la sazón.

Salsa Criolla

Ingredientes:

- 1 cebolla mediana cortada en rebanadas
- 1 1/2 taza de tomates verdes, cocidos y molidos (tomate de bolsa, tomatillo)
- 3 tallos de apio picado
- 3/4 taza de pimiento verde
- 1 cucharada de harina
- 2 cucharadas de aceite
- 1 cucharadita de hojuelas de chile seco
- 2 cucharadas de sal
- 1/4 de cucharadita de pimienta
- 2 cucharaditas de vinagre
- 1 cucharadita de azúcar
- 1 taza de agua.

Preparación:

Dora a fuego lento, en el aceite, la cebolla, el apio y el pimiento verde. Agrega la harina, el chile seco en hojuelas, azúcar, sal y pimienta. Añade el tomate molido y el vinagre, poco a poco, removiendo continuamente. A fuego lento, evitando que hierva.

Salsa de Aguacate

Ingredientes:

- 3 aguacates
- 3 chiles serranos verdes
- 2 cucharadas de aceite
- 1/2 cebolla mediana
- Sal

Preparación:

Pelados los aguacates se machacan con un tenedor. Luego añade los chiles, picados finos, la cebolla también picada y el aceite. Sazonar con sal, y sirve sobre carnes cortadas en rebanadas o pescado frito.

Salsa de Aguacate y Chipotle

Ingredientes:

- 4 aguacates de cáscara delgada
- 3 jitomates grandes
- 2 chipotles adobados
- 2 cucharadas de aceite de oliva
- 3 cucharadas de cebolla picada
- 50 g de queso de añejo
- Un poco de orégano desmenuzado
- Sal

Preparación:

Pica los jitomates sin piel y sin semillas. Muele junto con los chipotles desvenados. Coloca en una salsera Añade los aguacates cortados en cubitos, la cebolla picadita, aceite, orégano y sal. Espolvorea el queso rallado Se usa esta salsa para todo tipo de carne, inclusive milanesas y carne asada.

Salsa de Ajonjolí

Ingredientes:

- 100 g de ajonjolí tostado
- 100 g de chile pasilla
- Aceite y vinagre
- 1 diente de ajo
- sal al gusto

Preparación:

Dora ligeramente el chile pasilla (en aceite) y remoja en vinagre (opcional). Muele juntos el chile, ajo, y aceite en que se frió el chile (si quieres también el vinagre) yo prefiero solo el aceite y remojo los chiles en agua caliente... añade la sal. Añade el ajonjolí tostado

Puedes añadir más aceite para que se muela el chile en la licuadora. Es una salsa de chile en aceite.

Salsa de Barbacoa

Ingredientes:

- 1/2 taza de vino blanco
- 1/4 taza de agua
- 1/2 taza de jitomate, cocido y molido
- 1 cebolla mediana, picada
- 1 cucharada de azúcar
- 2 cucharadas de vinagre
- 1/4 cucharadita de sal
- 1 cucharadita de mostaza en polvo

Preparación:

Se unen todos los ingredientes, y se cocinan perfectamente. Esta salsa puede servir para acompañar cualquier clase de carne.

Salsa de Catarino

Ingredientes:

- 3 chiles catarinos
- 1 jitomate
- 3 cucharadas soperas de aceite
- 1 cucharada sopera de cebolla
- 2 dientes de ajo
- sal

Procedimiento:

Asa los chiles y el jitomate luego, muele el jitomate, el chile, el ajo y la cebolla. Fríe y añade la sal. La salsa puede ser menos picante si se desvenan los chiles.

Salsa de chiles Cuaresmeños

Ingredientes:

- 6 chiles cuaresmeños rojos (jalapeños)
- 3 jitomates grandes
- 3 cucharadas de cebolla picada
- 2 dientes de ajo
- 2 cucharadas de aceite vegetal
- 2 cucharadas de aceite de oliva
- Un poquito de caldo
- Sal

Preparación:

Los chiles sin semillas ni venas y cortados en rajas se pueden desflemar si son picosos, en agua caliente con un poquito de sal, dejándolos algunas horas. Se calientan juntos los dos aceites, y de doran los dientes de ajo, retirándolos luego.

En este aceite se vierte, para freír, la cebolla picada, el jitomate (molido sin piel y sin semillas), y se deja hasta que se ponga chinito.

Se agregan entonces los chiles, cortados en rajas, un poquito de caldo, para soltar la salsa y se sazona con la sal.

Salsa de Chile a la Campechana

Ingredientes:

- 10 chiles pasilla
- 1 ajo asado
- 1 naranja agria
- sal

Preparación:

Tuesta los chiles, ya sin semillas ni rabo en un comal. Muele en el molcajete el ajo asado, chiles y jugo de naranja. Sal al gusto. Sirve para pescado frito

Salsa de Chile de Árbol

Ingredientes:

- 6 chiles de árbol secos, desvenados
- 2 chiles anchos, desvenados
- ¼ kilo de tomate verde hervido con su cáscara en poca agua
- sal gruesa
- ¼ de cucharadita de jugo de limón
- 1 cucharadita de azúcar
- ¼ kilo de jitomate asado, pelado y sin semilla (tomate rojo)
- 2 cucharadas de cebolla picada fina

Preparación:

Se muele todo en el molcajete o licuadora, menos la cebolla. La cebolla se pone al final, sin molerla. NOTA: Si se hace la salsa en la licuadora, se pone a baja velocidad para que quede con textura martajada.

Salsa de chile Pasilla

Ingredientes:

- 4 chiles pasilla
- 3 cucharadas de aceite de oliva
- 2 cucharadas de aceite vegetal
- 2 cucharadas de vinagre fino
- 50 g de queso añejo desmoronado
- 1 cucharadita de orégano desmenuzado
- sal.

Preparación:

En el aceite vegetal se doran los chiles desvenados sin semillas

Se cortan en pequeño trozos y se mezclan con el aceite de oliva, el orégano y la sal.

Se espolvorean con el queso y se sirven en una salsera.

Salsa de chiles secos y Crema

Ingredientes:

- 4 chiles anchos chicos ligeramente fritos, desvenados
- 1 chile guajillo ligeramente frito desvenado
- 1 chile cascabel ligeramente frito desvenado
- ½ cebolla asada
- 1 taza de crema ácida o yogurt
- Sal
- ¼ taza de cerveza (opcional)

Preparación:

Muele los chiles y la cebolla con 4 cucharadas de crema o yogurt

Agrégale el resto de la crema, bate con batidor de alambre, sazonar con sal. Al final la cerveza opcional
Sirve para acompañar toda clase de antojitos, carnes, pollos asados, etc.

Salsa de chiles Serranos

Ingredientes:

- 10 chiles serranos crudos grandes
- 5 dientes de ajos
- 3 cucharadas de aceite
- Sal al gusto

Preparación:

En el molcajete muela los chiles con los ajos, vacíe en una salsera incorporando el aceite y la sal. En la licuadora se muele martajada

Salsa de chiles Serranos 2

Ingredientes:

- 20 chiles serranos (si no se quiere muy picante, desvenarlos)
- 6 dientes de ajo
- ½ taza de jugo de limón
- agua la necesaria
- sal

Preparación:

Se muelen los chiles crudos con ajo y sal.
Se les agrega un poco de agua y jugo de limón.

Salsa de Chiles y Cebolla

Ingredientes:

- 3 chiles anchos
- 3 jitomates grandes
- 2 cebollas grandes
- 2 cucharadas de aceite vegetal
- 2 cucharadas de aceite de oliva
- 2 cucharadas de perejil picado
- 1 cucharada de vinagre
- 2 huevos duros
- sal.

Preparación:

El día anterior se tuestan los chiles, se desvenan y se dejan en remojo toda la noche. Al día siguiente se rebanan las cebollas se escurren y se hierven por unos minutos, cuidando que no se reblandezcan demasiado. Los jitomates se asan, se pelan y se les quita las semillas. Se muelen junto con los chiles. Se fríe entonces con el aceite vegetal, añadiendo las cebollas bien escurridas, el vinagre, el aceite de oliva, el perejil, los huevos duros rebanados y la sal. Esta salsa se puede usar fría o caliente.

Salsa de Chipotle

Ingredientes:

- 1 lata chica de puré de jitomate
- 2 hojas de laurel
- 1 rebanada de tocino
- 1 zanahoria chica
- 1 cucharada de piloncillo rallado
- 1/2 tablilla de chocolate mexicano
- 50 g de pasas
- 1 rebanada de piña
- 5 chipotles en adobo
- 1/2 diente de ajo
- 1 cucharada de cebolla picada
- 1 taza de caldo
- 1 cucharada de azúcar
- Aceite.

Preparación:

En un poco de aceite se fríen las dos hojas de laurel y se sacan apenas empiecen a tostarse. Fríe el tocino y se añade el piloncillo, removiendo para que no se queme, agrega la zanahoria picada y un poco de agua

caliente. Sigue el puré de jitomate y la piña desmenuzada y deja que, de un buen hervor, aparte de muele el chocolate con las pasas y los chipotles con un poco de caldo o agua. Añade esta mezcla a la preparación anterior y deja hervir bien.
Sazona con la sal y agrega el caldo. Cocina a fuego suave por unos diez minutos. Añade después el azúcar, otro hervor, y ya estará lista. Esta salsa se sirve para acompañar pollo, puerco, carnes al gusto.

¡Gracias!

Made in the USA
Middletown, DE
16 September 2019